AF400134

À Roger et Astrid

Lorsque j'étais petite, il m'arrivait de veiller jusqu'à tard dans la nuit et de lire lorsque je n'arrivais pas à m'endormir. Comme tous les enfants, j'ai appris mes premiers poèmes en primaire ; Victor Hugo, Baudelaire, Prévert …
Ainsi que mes premiers classiques littéraires au collège et lycée ;
Racine, Voltaire, Rabelais, Hemingway...

Cependant, bien que je garde mon côté littéraire, mon genre artistique s'est peu à peu centré sur la poésie. Rimbaud et Verlaine m'ont inspirée, tant de leurs écrits personnels, que de leur lettres d'histoire d'amour tragique.

Ma plus grande inspiration, et mon amour de la poésie, je la dois à Paul Eluard.
Il n'existe pas un seul de ces poèmes qui ne m'est pas transpercée.

Ainsi dont, depuis mon adolescence je transmets par écrit mes émotions et sentiments.
Sans cela, je pense que j'aurais également eu ma fin digne de l'histoire d'Antigone.

Tes yeux

J'ai vu dans tes yeux
Un millier de baisers chaleureux,

La quête du réconfort
Trouvé dans l'union de nos deux corps,

La passion assaillante
D'une nuit élégante,

Le désir persistant
Arraché par un départ marquant.

J'ai vu dans tes yeux...

Mon âme

Tes lèvres ont effleuré mon âme
Tes yeux se sont noyés dans les miens,

Tu y as ancré une partie de toi
En ôtant ce qu'il y restait de moi.

Éveil

J'ai encore sur le bout de mes doigts
La chaleur de ta peau brûlante,

Au seuil du petit matin,
Mes cernes sont empochés des souvenirs de la
veille

Tous ces mots en moi tourbillonnent et me hantent
J'ai encore sur le bout de mes doigts,
Ton corps en éveil.

Abysses

L'horizon se dresse à perte de vue devant moi
Du long de mes joues,
Perlaient des gouttes venant des abysses

L'abandon de mon corps face au néant
Devenait inévitable

Mon pouls en constante accélération
Deviendra le témoin de mon agonie,

Du fond des précipices de mon âme
Où l'amertume et l'angoisse m'ont tant rongées.

Songes

Réfutant au seuil de mes songes,
L'affliction terrible de ce trou abyssal
Venu assiéger mon cœur depuis ton envol,

Je demeure en ce monde entretenant précieusement
Le souvenir de cet amour que j'ai un jour,
Senti fulminer en moi.

Maison

Dans le creux de ses bras,
J'y découvre mon chez moi

Entre ses éclats de rire,
Je distingue cet apaisement auquel j'ai tant aspiré

Ses yeux illuminent mon âme
Comme un millier d'étoiles lors d'une nuit
d'effroi,

Mes nuits ne seront jamais plus embrumées,
Ouvrir les yeux au petit matin, près de toi.

Nuit

Une nuit de fin d'été
Ton âme vint parler à la mienne.
Mon cœur se mit à battre comme une pluie
diluvienne,
Ton prénom sous le creux de mes yeux
Est tatoué à l'encre de mes veines.

Passion

Lorsque les mots ne suffisent plus à décrire
Cette immodérée liaison,
Qu'il ne reste seulement les vagues écrasantes
De passion et d'amertume
Qui viennent se fracasser sur mon âme.

Morphée

Morphée fait barrage à m'enlacer.
L'obscurité est cependant convoquée,
Tant les ténèbres tentent de se joindre à elle.
Ils me tendent leurs ailes de manière décisionnelle
Bouleversant mon esprit d'illusion.

Tendresse

Mon cœur est un recueil de poèmes
A qui saura apprendre ma langue,

Mes yeux sont un roman à découvrir
A qui saura briser la frontière,

Mes cicatrices content une histoire
A qui saura les peindre de tendresse.

Quant à mon âme,
Elle est un univers empli d'infini passion
A qui saura la toucher.

Le chant des sirènes

L'odeur des aconits viendra estomper le chaos de
la nuit,
L'éclipse à son tour embrumera la lumière du
Soleil,
Le chant des sirènes lui, célébrera les douze coups
de minuit,
Tandis que le noyau de la Terre partira lentement
en veille.

Opium

Les yeux sont les reflets de l'âme
Vide et errant, ils se ferment,
Le corps s'enivre face à la mélodie
Les joues rosées par l'opium,
Et la nuit qui hurle à l'agonie.

Envie

Âme sentinelle des chemins de l'Enfer
Larmoyant de douleur
À s'en pétrifier le cœur,
Prend ma main et emmène-moi vers
Un sentier de chaleur dont d'envie je meurs.

Souffle

Un instant, un regard,
Un souffle saccadé, Un battement de cœur raté,
Des joues rosées, nul sourire forcé
Toi, moi
Nous
Une nuit d'été.

Brasier

Mon âme telle un iceberg
Ta chair pour brasier,

Tragédie d'une vie,
Ou simple fatalité ?

Peau

Un battement de cœur raté
Lorsque ta main se glisse sur ma peau,

Une braise longuement éteinte
Le feu semble prendre à nouveau,

La douce brise d'une fin d'été
Vient effacer nos maux.

Instant

Mon esprit vagabonde de cette nuit
Mon corps demeure brûlant,

L'horloge se fige à cet instant précis
L'âme en peine,

La comète traverse le ciel
Et ravive tous mes sens.

Auto-sabotage

Il existe dans mon âme,
Des éclats de ton passage

Les souvenirs dans mon esprit s'acclament,
Et demeurent présents comme un mirage

Ils viennent me lacérer comme une lame,
Il s'agit d'un auto-sabotage.

Noyade

J'ai la vague à l'âme.
Mes pensées m'engloutissent un peu plus profond
encore dans les abysses
J'ai alors tenté de les noyer,
En vain…

Chaos

La noirceur des ténèbres émet une sombre
Lumière
La profondeur des océans vient tout engouffrer,
Le volcan entre en éruption, et pleut sur le monde
Le tonnerre gronde
Le vent s'emballe…

C'est le chaos.

Insouciance

La houle se fracasse sur la roche
Le sel attaque leur surface,

L'océan est plus déchaîné que jamais
Le vent souffle violemment
Et emporte avec lui les rires d'enfants,

J'assiste seule à ce triste spectacle
Les yeux rivés sur l'horizon,
Impuissante,
Insouciante,
Du temps qui est passé
Et qui s'est effacé.

Mots

Tu m'entends mais tu ne m'écoutes pas,
Des mots par millier s'entremêlent et je me révèle
Mais tu ne m'écoutes pas,

La mélodie de la douleur de mon cœur
Elle me dévore et va éclore
Mais tu ne m'écoutes pas,

Des perles transparentes roules et dévalent la
pente,
Elles me brûlent et je le sens, je capitule
La rage m'a prise en otage
Et je le sens, je tourne la page

Mais toi, tu ne m'écoutes pas.

Atome

Laisse-moi m'agripper à cet atome d'espoir
Que je puisse enfin le découvrir

Il paraît si loin de mon corps
Mais si près des autres

Viens réchauffer mon cœur
Sans toi il se meurt

L'encre

Tu as tatoué à l'encre bleu
Ton prénom sous le creux de mes yeux

Puis, tu as attaché ta voix,
Dans mes songes comme un poids

Tu as fini par écorcher mon cœur,
Avec un millier d'épines de fleurs.

L'abandon

Morphée m'attire inévitablement
Un peu comme toi,

Je laisse mon corps s'y abandonner
Dans le minime espoir de t'y retrouver,

Mais dès que l'aube pointe le bout de son nez
Je me sens une fois de plus abandonnée.

Chair

Tu ères dans mes cauchemars telle une âme
torturée à la recherche de la lumière,
Ta pâleur et ta froideur se brise dans le creux de
ma chair.
Je crie ton nom mais ma voix se perd au fin fond
de l'univers,
Mon cœur brûle mais mon corps gèle
Je suis perdue en pleine mer.

Brouillard

Ta voix berces mes nuits,
Et libère le brouillard qui perdure dans mes songes.

Mes pensées me détruisaient lentement,
J'ai alors tenté de les faire taire
Lorsque je me suis rendu compte,
Que le silence était bien plus bruyant encore…

Rendez-vous

Je vie parmi la pluie, tu vis parmi le beau temps
Je respire parmi le vent, tu respires loin de lui

Je nage à travers les trombes, tu nages près du
rivage
Je brûle aux antipodes d'un mirage, tu brûles loin
des catacombes.

Je suis la Lune, tu es le Soleil,

Rendez-vous lors de la future éclipse.

Entité

Il existe dans le creux de ma chair,
Une entité dirigeant mon être tel un pantin

Elle s'amuse de mes peines et de mes peurs,
De ma tourmente chaque matin

Il existe dans le creux de mon âme,
Une entité en pleine ascension

Elle grimpe, me plantant de nouveau ses lames,
Tandis que moi, j'avance à reculons.

La Lune

C'est tuant, les souvenirs,
Me disait-il tard dans la nuit

En attendant mes yeux se posent sur la Lune,
Je sais que je t'y retrouverai

Néant

Le tonnerre gronde aux abords de mes affres,
Et je te sens.

Tu es pour moi ce que les astres sont au néant,
Tu es pour moi ce que la lune est à l'océan,
Tu es pour moi ce que les fleurs sont au printemps

Le tonnerre pleure au grès du vent,
Mais je te sens.

Cela en devient subtilement effrayant.

Le martyre

Le martyre est là tout près de vous,
Il accepte tout sans sourciller,
Sans pleurnicher.

Le martyre, se lève chaque matin,
Le sourire cousu aux lèvres,
Sans saigner.

Le martyre, il court à toute vitesse,
Que cherche-t-il à échapper ?

Le martyre, c'est peut-être moi, vous, eux,
Le martyre, c'est nous.

Le jour d'après

Le jour suivant, le soleil ne brillait plus
Les oiseaux ne chantaient plus,

Le jour suivant la mort, le ciel pleurait
Les nuages hurlaient,
Comme-ci le monde tremblait de ton absence.

Le jour d'après, tout était de tel que plus rien ne
serait joyeux.

Ce jour-là, mon cœur est mort lui aussi.

Portail

La nuit lentement s'approche
Les fantômes de mon passé se dévoilent
Tout en l'ignorant, je m'y accroche
Le portail de mon âme se trouve nappé d'un voile

Je puise l'énergie de mes tourments
Afin de te revoir une énième fois
La lueur de la Lune vint en chantant
Dévoiler au monde ce que je vois.

Jusqu'à l'aube

La racine s'ennoblit encore en mon être
Je tends les bras à la recherche d'aide
Mais nul ne semble remarquer mon mal-être
Je demeure privé d'air, jusqu'à l'aube.

Madame

La profondeur abyssale de ses yeux vint
m'engloutir
Sa voix réchauffe mon corps,
De tel que mon être en demeure brasier depuis ce
jour

Je me languis de son odeur,
Venant s'ébattre de mon désir
Chaque jour loin de sa présence n'est d'autre que
le plus effroyables des supplices

Je vous supplie, Madame, de demeurer présente
dans mes songes,
Jusqu'à ce qu'apocalypse vienne, et bien au-delà
encore.

Délivrance

La passion enveloppe ma raison,
Chaque atome de mon être se languis de ses sens

Mes yeux s'égarent en quête de sa présence,
Le brouillard qui autrefois embaumait mes songes,
vint se dissiper

Le chemin me conduisant à la vérité m'enlace
Je suis aux abords des portes de la délivrance.

Fantasmes

Je te rêve des nuits durant...

Les étoiles arborent dans le ciel, et viennent
joncher mes nuits de fantasmes

J'ai en moi la douce mélodie de nos corps,
S'entremêlant dans le tourbillon de nos désirs,

Telle l'ardeur du Soleil s'émane dans l'univers.

Monsieur

Je ne rêve que de ses mains longeant mes courbes
Sa présence me paraît si lointaine, que le temps qui
passe me semble désormais qu'éternité

Chaque seconde s'écoulant loin de ses lèvres,
Vint un peu plus ronger mes entrailles

Je vous en conjure, Monsieur, de retrouver le
chemin de mon cœur

Ainsi puissions-nous laisser la passion nous
enliser,
Et faire renaître l'exaltation de notre amour.

Papa

Mon âme d'enfant perdure dans le temps,
A la recherche de cette assurance qui me manque
cruellement

Le silence est aussi bruyant que la pluie qui
s'écrase contre le sol,
Me semblant que trop familière à celle qui ruisselle
le long de mes joues rosées

L'étau se resserre et vint m'enliser,
Cela me paraît désormais si lointain

L'horloge tourne, la vasque déborde
Les regrets s'étouffent, un soupir s'échappe

C'est le temps qui passe.

Décombres

Mon cœur s'embrase,
La chaleur se déploie dans mon corps
L'esprit se tord
Cette étrange sensation que tout s'écrase,
Sous les décombres de nos maux.

Éphémère

Enivrant sourire venant s'égarer dans la beauté
éphémère d'une vision
Et dans nos regards, ni acrimonie, ni ironie
Tendresse et passion, sont les artisans de notre
alliance.

L'ivresse de la vie

Je titube aux environs de mes rêves
Mon esprit s'enlise au fond de l'étang,
Il est désormais impossible d'envisager une trêve
Je suis ivre de toi, comme la vie craint le temps.

© Rachel Manoury, 2024
Édition : BoD • Books on Demand GmbH, In de
Tarpen 42, 22848 Norderstedt (Allemagne)
Impression : Libri Plureos GmbH, Friedensallee 273,
22763 Hamburg (Allemagne)
ISBN : 978-2-3225-5494-2
Dépôt légal : Septembre 2024